だいわ文庫

たっぷり甘えてのびのび育つ!

3歳までのかわいがり子育て

佐々木正美

大和書房

はじめに

生まれたばかりの赤ちゃんは、
お父さんやお母さんに、
たくさん愛されることで幸せになります。
でも五～六カ月を過ぎると、
「お父さんもお母さんも幸せになってください」
と願うようになるのです。
この本では、子どもを幸せにする子育て、
親も幸せになる子育てについてお話しします。

それは「かわいがり子育て」。

かわいがられて、うれしい！
かわいがって、うれしい！
「喜び」というプレゼントを、
親子でたくさん交換する子育てです。

児童精神科医　佐々木正美

もくじ

第2章

甘やかすってこんなこと

第３章 しつけはいつから？ どうやって？

第4章

かわいがり上手になる8つの方法

コラム

プロローグ

ママ、
もっともっと見て！

わたしは児童精神科医として長いあいだ、多くの子どもたちや親たちと接してきました。また、保育士さんたちとの勉強会を二十年以上続けてきています。

その間に、子育てをめぐる環境はずいぶん変わりました。

休日には、おしゃれなお母さんとかっこいいお父さんが、ベビーカーを押して街を楽しそうに歩いています。

豊かな時代になりました。

最近は子育て支援活動も活発です。子育てについての情報もあふれています。教育費など子どものために使うお金も増え、親が子どもによせる関心も高くなってきたと言えましょう。

子どもたちも変わりました。

でも、その変化は、かならずしもいい変化ばかりではありません。

特に、わたしが心を痛めているのは、愛に飢えている子どもが増えているということです。

「わたしを見て！ もっともっと見て！」子どもたちが全身で訴えています。

たとえば、保育園や幼稚園で集団生活を経験する子どもたち。

その子どもたちに増えているのが、「先生を独り占めしたい」と願う子どもたちです。

「ねえ、ねえ、先生あのね……」

子どもたちは先生に「いいわね」「すてきね」とほめても

らうのが大好き。先生のまわりには子どもたちが集まってきます。

でも、先生の注目をもっと引きつけたいときは、ほめられるだけじゃ足りません。

「先生、こっちを見て。もっともっと、わたしを見て！」

悪いことをして叱られてでも、先生の関心を引きたいと願う子どもは、先生を困らせるような行動をとります。

年長さんが年少さんを押し倒したり、みんなで大切にしているメダカの水槽をひっくり返したり……。

先生があわてて駆けつけて来なくてはならない緊急事態をおどろくほど上手に起こす子どもが、じつはとても増えています。

その原因は、「親が甘やかして育てているから」なのでしょうか。

先生！ねえねえ
あのね！あのね！
えいっ！
いたい〜！
えーん。
やめてよー。

きちんとしつけができていないからでしょうか。

いいえ、そうではありません。

こんな子どもたちが、全身で訴えているのは「わたしのことを愛してください。もっともっと愛してください」ということ。

どうしてこんなにも愛を欲しがるのかといえば、愛が足りていないからです。

本来は先生より、お母さんやお父さんに向かって全身で愛に飢えていると訴えているのです。

子どもたちの「こっち見て行動」がエスカレートしています。

子どもたちの「こっち見て行動」は、専門的には、アテンション・アスキング・ビヘイビアといいます。注意（アテンション）を求める（アスク）行動（ビヘイビア）という意味の言葉ですが、日本でそういった傾向が強まったのは、十年ほど前からのことです。

保育園や幼稚園の園児に、こっち見て行動がたくさん見られるのはとても気がかりなことです。

しかも、小学校でもこっち見て行動が増えているとわかってきました。国立教育研究所（現・国立教育政策研究所）が発表した小学生の行動様式の調査報告書（二〇〇二年）では、担任の先生の関心を独り占めしようとする小学生が増えていると報告されています。以前は幼い子どものこうした行動は、小学生になると消えていたのですが、今はエスカレートしているとわかってきました。

じつは夜中に騒音を上げて嫌がらせのように街を走り回る暴走族の行動も、こっち見て行動の一つ。無人の場所でなく、街中で暴走するのは、愛に飢えているから……。

メダカの水槽をひっくり返す園児と心の内はいっしょです。

愛情に与え過ぎはありません。子どもの望んでいることに応えてあげて。

「愛が足りないと言われても困るわ」という読者の方も多いでしょうね。「ちゃんと子どものことを考えているのに、これ以上どうすればいいのかしら」と思われるかもしれません。

しかし、子どもたちを愛で満たすことは、むずかしくはありません。

甘やかしてあげればいいのです。

かわいがってあげればいいのです。

子どもたちが「抱っこ」と言うなら、好きなだけ抱いてあげてください。もっと遊びたいと言うなら、好きなだけ遊ばせてあげてください。歩きたいと言うなら歩かせ、走りたいと言うなら走らせてあげてください。

甘やかす、かわいがるというのは、子どもの「こうしたい」という願いに応えることです。ちゃんと子どもを見ていれば、何を望んでいるかわかります。

でも、子どもが望んでいないのに
やってあげるのは、
甘やかすこととは違います。

子どもはたくさん甘やかしてあげてください。

子どもは「過保護」にしてあげてください。

えっ、でも、過保護に育てると子どもがわがままになるのではないかと不安ですか？

大丈夫です。

子どもが望んでいることに応えて、しかも望んでいることをやってあげ過ぎる……そんな立派なお母さんは、実際は滅多におりません。

しかし、子どもが望んでもいないことを、やり過ぎるお母さんはたくさんいます。これは甘やかしているのではなくて、おせっかい。過保護ではなくて過干渉にすぎません。

この本の読者の方にも、過干渉のお母さんがいるかもしれません。

たとえば、子どもは自分の足で歩きたいと望んでいるのにベビーカーに乗せてばかりいたり、子どもが自分で着がえたいと望んでいるのに、お母さんがさっさと着がえさせてしまうのは、単なる過干渉です。

この過保護と過干渉の違いは、とても大切なことなので、この本では第2章でも詳しく説明していきます。

ままごと遊びを見ているとお母さん役は「～しなさい」ばかり言っています。

子どもたちはごっこ遊びが大好きですね。そのごっこ遊びの代表といえるのが「ままごと遊び」ですが、その遊びのときに、子どもにいちばん人気がある役は何だか、知っていま

すか。

お母さん……？

残念ながら、違います。

今の保育園児や幼稚園児の多くが、驚いたことにペットになりたがります。

家族みんなに頭をなでられて、かわいがられる役ですね。多少、イタズラをしても大目に見てもらえるし、お手や伏せをするとみんなに「いい子いい子」とほめてもらえます。

ところが、その一方で、子どもたちにもっとも不人気なのが、お母さんの役なのだそうです。昔はお母さん役が人気があって、ひっぱりだこだったのに、これはいったいどうしたことでしょう。

不人気の理由は、ままごと遊びを見ているとわかります。

結局、だれかがお母さん役を引き受けることになるのですが、いざ遊びが始まると、お母さん役が口にするのは「〇〇しなさい」とか、「〇〇してはダメ」という命令や禁止の言葉が多いのです。

子どもたちが日ごろ、親からどのように接してもらって

いるかがわかります。

これではお母さん役は不人気なはずですね。

どうして子どもを叱ってばかりいるの？それには理由があるのです。

ではどうしてお母さんは、子どもを叱ってばかりいるのでしょうか。

それは「こういう子どもに育てたい」という願いや、あるいは「こういう子どもに育てなくてはいけない」という責任感や義務感が強いからです。

親であればだれでも、子どもに夢を託します。

でもそうした夢があまりにも強いと、託された子どもには負担になってしまいますね。それにもかかわらず、「こうしたほうが子どものためになる」と信じて行動し続けるのは、子どもへの愛情が強いからでしょうか。

それは、子どもへの愛というより、自分の不安を和らげたかったり、自分が後悔していることを補おうとする気持ち、つまりは自分に向けた愛かもしれません。

子どもを幸せにしようというのではなくて、子どもに幸せにしてもらおうと思っていませんか。

この本では、そのことも考えてみましょう。

子どもをたっぷり甘やかす、過保護に育てるということは、子どもがハッピーになるだ

けでなく、「子育てがつらい」と悩んでいるお母さんやお父さんも幸せにするとわたしは思っています。

なぜなら、子どもを甘やかすことが下手なのには理由があり、その理由に親が気がつけば、子育てのつらさは、ずっと軽くなるからです。

すると、子どもと過ごす時間が、かけがえのない幸せな時間と感じられるに違いありません。

第1章

うれしい子育て、かわいがり子育て

赤ちゃんはまわりを
幸せにします。
それを感じた赤ちゃんは、
もっと幸せになります。

赤ちゃんってすばらしいですよ。

生まれたばかりの赤ちゃんは、全身で愛されることを望んでいます。

三～四カ月までは、自分に喜びを与えてくればいいのです。

お腹がすいたらおっぱいをください。

濡れたおむつは取り換えてください。

やさしく抱っこしてください。

泣いたらあやしてください……とね。

その望みがかなえられることが赤ちゃんの喜びです。

でも、やがて赤ちゃんはそれだけでは満足できなくなります。

五～六カ月になると、自分に喜びを与えてくれるだけでなく、喜びを与えながらあなた自身も喜んでいてくださいという感情をもつようになります。その思いは、とても旺盛です。

「わたしを抱いていることを喜んでください」
「わたしをあやしていることで幸せを感じてください」

こんなふうに、お母さんやお父さんに喜びを与えることが、赤ちゃん自身の喜びになるのです。

もちろん、親だけでなく、祖父母や周囲の人とも喜びを共有したいと赤ちゃんは願っています。

その思いが伝わるから、赤ちゃんがいる空間はそれだけで、なごやかな空気になりますね。

「喜び」という
プレゼントを
交換するのが、子育てです。

人間にもっとも大切なコミュニケーションは、「喜びを他者に与え、そして自分も与えられる」ということです。「あなたが好き」とか「かわいいな」という気持ちをもつと、それを言葉に出さなくても相手に心は通じるし、同じような温かい心が返ってきます。これは言葉を変えると、「喜び」という心のプレゼントをお互いに交換しているのですね。

このプレゼント交換は、子育てそのものです。「赤ちゃんのことが大好き」「かわいいな」と思えば、子どもは「ママ大好き。パパ大好き」という心で応えます。そんな赤ちゃんの存在を感じると、親はまた喜びを感じます。子育てというと、親から子どもへ一方的に愛情を注ぐものだと思ってしまいがちですが、じつは違うのです。

子育ては、心の交流なのです。

そして、子どもの情緒は、こうした感情の交流を基盤に育っていきます。

言葉がわからなくてもコミュニケーションは始まっています。それどころか、眠っていてもプレゼントは行ったり来たりしています。スヤスヤ眠る子どもをなでながら、両親が「今日は笑った。言葉を覚えた」と楽しそうに会話をしていたら、その喜びの感情を子どもはちゃんと吸収しています。

でも一生懸命に子育てしようとするあまり、子どもが差し出している喜びのプレゼントに気づかない人がいます。それは、もったいないことですね。

かわいい！
うれしいな。
かわいい！
大好き！
うれしいな。

がんばり過ぎないほうが
いいことがあります。

子どもをちゃんと育てていけるかな、という不安な気持ちは、親ならきっとだれしもが感じることでしょう。とくに最初の子どもが運んでくるのは、若いお父さんやお母さんが、今まで経験したことがない未知の世界です。

失敗したらどうしよう……と不安になるのも仕方がないかもしれません。そのために、たくさん本を読み、これが大切、こうしたほうがいいと一生懸命になる。

でも、中には真面目に一生懸命になり過ぎて、その一生懸命の歯止めがきかなくなってしまう人も出てきます。

「子どもにとっていいこと」の情報を集めても集めてもまだ足りずに、そのうえ、「大丈夫かな」と不安になったり、子どもが思うように育たないのは育て方が悪いからだ、と自分を責めたりします。

十分がんばっているのに、まだ自分に対して「もっともっとがんばれ」と言い続けているお母さんもたくさんいます。

そんなにがんばらなくてもいいんです。

がんばり過ぎて、親が緊張していると、喜びの心というプレゼントを子どもに渡しそびれてしまいます。

子どもがお母さんに渡そうとしているプレゼントも、もらい損ねてしまいます。

立派な子育てなんてないのですから、ゆったりした気持ちで子どもと向き合っていると、「すごいなあ」と感動したり、「面白いなあ」と笑うことがずっと増えるはず。

がんばり過ぎないほうが、いいことがあるのです。

がんばり過ぎないママ
わーかわいい！
見てー！
パパに写メール！

がんばり過ぎのママ
どうしてうちの子って言うことを聞いてくれないのかしら…。
見てー！
ー〜
アー…。

「ごめんね」よりも
「ありがとう」と言おう。

保育園に三歳の子どもを預けて、仕事を再開したお母さんがこんな話をしてくれました。ある日、仕事の都合でお迎えの時間が遅くなり、息を切らして保育園に飛び込んだら、自分の子どもだけがポツンとひとり残っています。

その様子を見たら、子どもに申しわけなくて涙が止まらなくなってしまい、彼女は「ごめんね。遅くなってごめんね」と何回も謝りました。

ところが、それを見ていたベテランの保育士さんに「お母さん、『ごめんね』ではなく、『待っていてくれて、ありがとう』と言ってあげてください。待っていてくれたことをほめてあげてください」と言われたのだそうです。

いいことを言ってくれる保育士さんですね。

きっと、いつも仕事もがんばっているお母さんの様子を見ていたのでしょう。

お母さんが子どもに「ごめんね」と言うのは、自分を責める気持ち＝マイナスな心があるからです。それが涙が止まらないほど強い感情だったのは、お迎えに遅れたことだけじゃなく、保育園に預けていることや、子どもといつもいっしょにいられないことをうしろめたく思っているのかもしれませんね。

でも、子どもはそんな心をどう受け止めたらいいでしょうか。子どもがお母さんから贈って欲しいのは、「ごめんね」に込められたマイナスの気持ちではありません。喜び＝プラスの心です。

「ありがとう」という言葉は、「ごめんね」とは逆にプラスの心がたっぷりと込められています。子どもにとっては、もっともうれしいほめ言葉です。

では、こんな場合に、「ごめんね」ではなくて、スッと「ありがとう」という気持ちになれるのはどんなお母さんでしょうか。

ちゃんとした子育てをしよう、と緊張しているお母さんではなくて、逆に、自分のことを「まあまあ合格かな」と思っているお母さんのほうが自然に「ありがとう」と言えますね。

働いているお母さんだけじゃありません。

たとえば、毎日の子育てに疲れて、子どもを祖父母に預けてちょっと息抜きの時間をもつ、そんなときも、「ごめんね」ではなくて「ありがとう」でいいのです。ちょっとした息抜きはお母さんにとって必要なことですから……。

「ごめんなさい」の子育ては親が自分を責める子育てです。「ありがとう」の子育ては、自分を責めない子育てです。

そうすると、子どもと親のあいだには、たくさんの喜びの心が交換されるようになりますよ。

第１章のまとめ

「かわいがり子育て」のきほん

- □ 3～4カ月までは赤ちゃんの望みをかなえてあげる
- □ 「喜び」のプレゼントを交換することで子どもの情緒の基盤を作る
- □ 言葉がわからなくても、感情の交流は始まっている
- □ がんばり過ぎないほうが、子どもに気持ちが伝わる
- □ 子どもにはプラスの気持ちを贈る

第2章

甘やかすって こんなこと

守られることで、子どもは
「自分は**大切**な存在なんだ」
とわかります。

子どもの言うことをよく聞いて、望むことを望むようにしてあげてください。

たくさん甘やかしてあげましょう。なぜなら、守られているという安心感が、子どもの根っこを作るからです。

赤ちゃんはお腹がすいたと泣けばおっぱいがもらえる。不快で泣けば濡れたおむつを取り換えてもらえる。

それは「不安↓でも大丈夫↓不安↓でも大丈夫」という経験の繰り返しです。

幼児期になっても同じです。「抱っこして」と言ったらギュッと抱きしめてもらえる。「こわいよ」と泣いたら「ママがついてるから大丈夫」と守られる。

わたしは、そんな子育てについて「子どもは過保護にしていい。たくさん甘やかしましょう」と言ってきました。

過保護にしてあげる時期は子どもが望むのならばいつまで

も……。少なくとも三歳までは「厳しくしつけなくちゃ」など考えず、思う存分、過保護にしてあげていいのです。「過保護」とは、文字のとおり、「過剰」に「保護」してあげること。子どもが望むことを望んでいる以上にしてあげると、子どもは深い安心感とともに成長します。

安心感は人間の心の土台になるものです。親から愛されているということを確認しながら、子どもたちは、「ボクは大切な存在だ」とか「わたしは生きていっていいんだ」という気持ちを育んでいくからです。

では、子どもを甘やかすとはどんなことなのか、実際の例を少し紹介してみましょう。

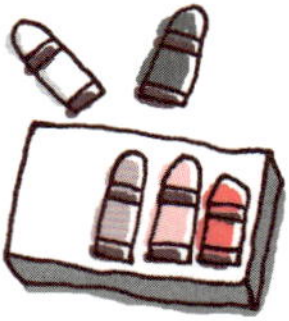

甘やかすってこんなこと 1

ギュッと抱きしめる。笑顔で抱きしめる。

ギュッと抱きしめると、どんな言葉で表現するより、たくさんの思いが伝わりますね。もちろん笑顔を忘れずに……。

子どもから求められていないのに抱きしめることだってアリです。うれしいときも、泣いているときも抱っこ。子どもが感情を爆発させて止まらなくなったときは、背後から包み込むように抱っこします。

甘やかすってこんなこと 2

話しかける。わからなくてもたくさん話しかける。

言葉がわからない赤ちゃんに声を出して話しかけていると、不思議なことにお母さんの孤独もいやされるのです。

「おむつが新しくなって気持ちいいですね」と話しかけると、気持ちいいという子どもの喜びを共有することになります。

甘やかすってこんなこと 3

待つ。の〜んびり待つ。

子どもってどうして真っすぐ歩かないのでしょう。あちらこちらに寄り道しては、何かおもしろいことを見つけます。それも大人の目から見たら、どこがおもしろいのかよくわからないことも多い。

時間がないときはともかく、待てるときは待つ。これは甘やかして育てることの基本中の基本。効率よく動いていた仕事場とは時間の流れがまったく違うので、待つことが苦手な人は多いのです。

簡単なようでじつはむずかしい、甘やかしの一つです。

なるほど。水に
もようができるのが
おもしろい
んだ。

甘やかすってこんなこと 4

不安な気持ちを受け止める。

「こわい」と立ちすくんだ子どもに、「弱虫ね」なんて言っていませんか。「こわいね～」とその気持ちを受け入れて、子どもと不安感を共有して、それから「大丈夫よ」と守ってあげる。守られているという安心感とともに子どもは「こわさ」を一つひとつ克服していきます。

ネコちゃんね。
こわいね。
ママがいるから
大丈夫。

甘やかすってこんなこと 5

お話を聞く。心の声も聞く。

ママに何かを話そうと一生懸命な子どもの言葉。さえぎらずにゆっくり聞きましょうね。さびしい気持ち、悲しい気持ち、怒りや不満も「そうなの。悲しかったね」「さみしかったね」とまずはぜんぶ受け入れます。すると、子どもの心のモヤモヤは消えていきますよ。

甘やかすってこんなこと 6

いっしょに笑う。手をつないで歩く。いっしょに遊ぶ。

親のやることを子どもたちはよく見ていて、そして真似をします。親子で手をつないで歩き、いっしょに遊び、いっしょに笑う……。子どもが一人で歩くことを望むまでは、手をつないでいっしょに歩きましょう。お風呂の入り方だって、親を見ながら覚えていきます。

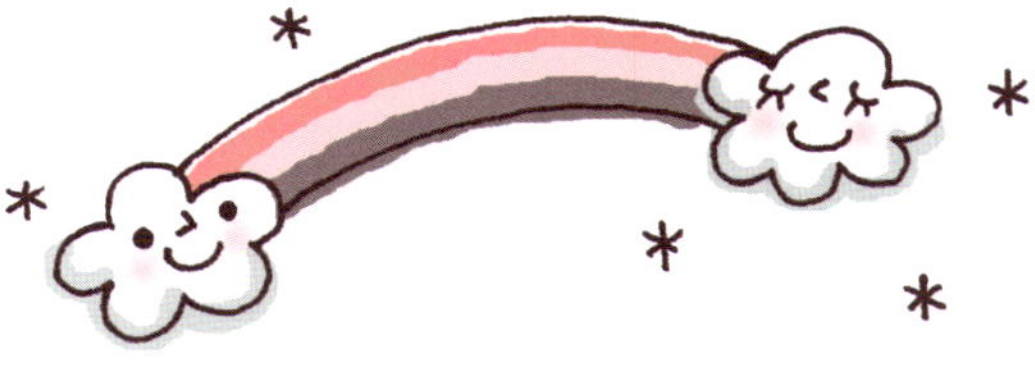

望みに応えるのは
「あとでね」より、
ちょっとだけでも「今」。

「おんぶして」「抱っこして」。

何でもないときに突然、子どもがこんなことを言うことがありますね。そんなとき、みなさんはどうしていますか。

「もう大きいのだから一人で歩こうね」としつけを意識して子どもの願いを退けているかもしれませんね。

でも、説得するより、まず「おんぶ」という言葉の奥にある子どもの声に耳をすませて欲しいのです。

たとえば、保育園や幼稚園にお迎えに来たお母さんに「ママ〜おんぶ」と赤ちゃんに戻ったように甘える子ども……。

そんな子どもは、その日お友だちとケンカをしたとか、先生に叱られたとか、何か悲しい思いをして、「ボクなんかダメだ」と自己否定の気持ちになっていることが多いのです。

だから、「ボクはダメじゃないぞ」という自己肯定感を取り戻すために「手を貸して欲しい」と求めているのです。

こんなとき、お母さんの抱っこは魔法のような効き目を発揮します。だから、「おんぶは角のケーキ屋さんのところまでね」と、ちょっと手を貸してあげればいいのです。それで、子どもの気持ちは満たされます。

「言えばいつでもおんぶしてもらえる」という安心感ができ、「ボクのお母さんは自分のことを大切にしてくれている」という思いがもて、信頼感が育まれます。

すねているときとか、イタズラしているときなども、子どもの心の声に耳をすませていると、「あとでね」ではなくて、ほんのちょっとでいいから「今」望みに応えることが大切なんだとわかります。

行きましょう。
ヨシヨシ
ボクも抱っこしてよ。
プンプン
プンプン
行かない!

ママ、かまって!
見て!

こんなボクでも好き?

自分の気持ちを大切にされた子は

人の気持ちも

大切にできる子になります。

「甘やかす」とか「過保護」という言葉にはいいイメージがなく、「親が甘やかすからわがままな子どもが増えている」ともよく言われます。

でも、わがままになる原因は、甘やかしたからではありません。大人が子どもの声を聞こうとせず、十分に甘えさせてあげなかったからなのです。

子どもは、自分の言うことをよく聞いてもらうと、人の言うこともちゃんと受け入れるようになります。「こうしなさい」と言われて、素直に「そうしよう」と応じるには、自分も「いいわよ」と受け入れられた経験をしているからですね。

甘やかすこと、
放ったらかすこと。
正反対の意味があります。

幼い子どもを家に残して飲み歩く夫婦や、子どもが泣いているのにメールに夢中のお母さんなど、放ったらかしの親を見ると、心が痛みます。

親が子どもの望みを受け入れなければ、子どもだって親の言うことを聞いてくれなくなってしまいます。すると、親は「もういいや」という気分になってしまい、放ったらかしにしたくなってしまう。

これを甘やかした結果だというのは大きな間違いです。

育児は、子どもが何歳になってもやり直しができます。「これまで放任だったかな」と気づいたら、今日から甘やかし育児を始めればいいのです。

過干渉は、
放任と同じように
子どもを傷つけます。

子どもの望みに無関心な「放任」と同じように、子どもの心を傷つけてしまう育児があります。

それは過干渉の育児です。

子どもの望みに応えて、甘やかし過ぎる、過保護な親はあまりいないのですが、過干渉の親はたくさんいます。

過干渉というのは、子どもが望んでもいないことをやり過ぎること。同じように「やり過ぎる」のでも、「望んでいる」と「望んでもいないこと」ではまったく意味が違います。

たとえそれが、子どもにとってはいいこと（だと親にはわかっていること）でも、押しつけ続けると、放任と同じように子どもの心を傷つけてしまいます。

子どもがボタンを上手にとめられないときに、サッと手を出して手伝うのは、過保護ではなくて過干渉です。子どもは自分で成長したい！　自分でやれるようになりたいと願っています。それなのに、先まわりして手伝われてはガッカリします。

そんなことが、毎日、繰り返されていたらどうでしょう。

「成長したい」という望みは無視され、逆に「わたしは○○ができないんだ」という失望が積み重なってしまいます。

やさしく見守って、ボタンがとめられたら、「上手にできたわね」とたくさんほめてあげるのが過保護＝甘やかす、ということです。

子ども自身から「手伝って」と言われたら、はじめて手伝ってあげればいいのです。

ボタンを掛け違えていたら、「上手にできたね〜」とほめてから、「こうするといいよ」と直してあげればいいのです。

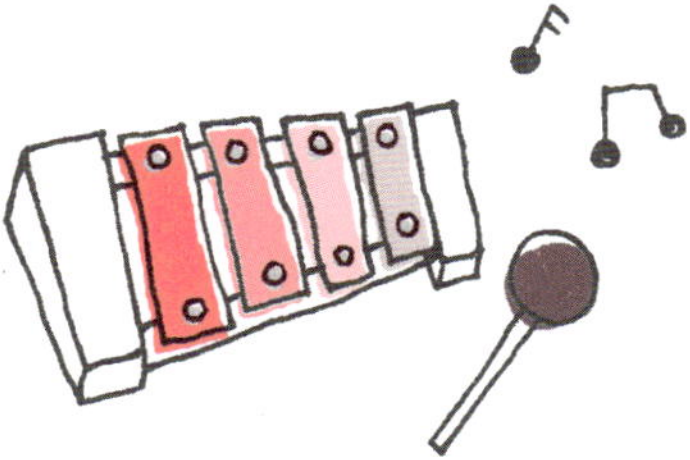

子どもに伝えたい、そのままのあなたが好き！

マイペースで成長する子どもの手伝いをするより、先まわりして手を出してしまう過干渉の親は、待つことが苦手です。

つい「○○しなさい」とか、「○○してはいけません」という言葉が増えてしまいます。その裏には「こんな子になって欲しい」という親の夢が込められてもいます。

でも、その度が過ぎると、子どもたちは別のメッセージを受け取ります。

それは「○○できる子はいい子」「いい子は好きだけれど、できない子は嫌い」というメッセージです。

これは条件付きの愛情です。

子どもたちは、親の思いに敏感です。親を喜ばせたくて、条件付きの愛に応えたくて、一生懸命に「いい子になろう」とがんばります。がんばり過ぎる子もいます。

でも、がんばりには限界があります。成長過程で「ボクはこの辺でいいかな」とがんばり過ぎをやめることができればいいけれど、無理を続けて、思春期にがんばれない自分を責めたり、爆発をして問題行動を引き起こすこともあるのです。

一方、過保護な親から子どもたちが受け取っているのは、「そのままのあなたが好き」というメッセージです。

わたしの大好きな相田みつをの言葉に「そのままでいいがな」というのがあります。子育ても同じです。

いい子であってもなくても、いろいろなことができてもできなくても、「あなたのすべてを受け入れるわよ」という親の思いを感じながら、子どもたちは「ボクは大切な存在なんだ」という自分への自信、自己を肯定する気持ちを育てていきます。

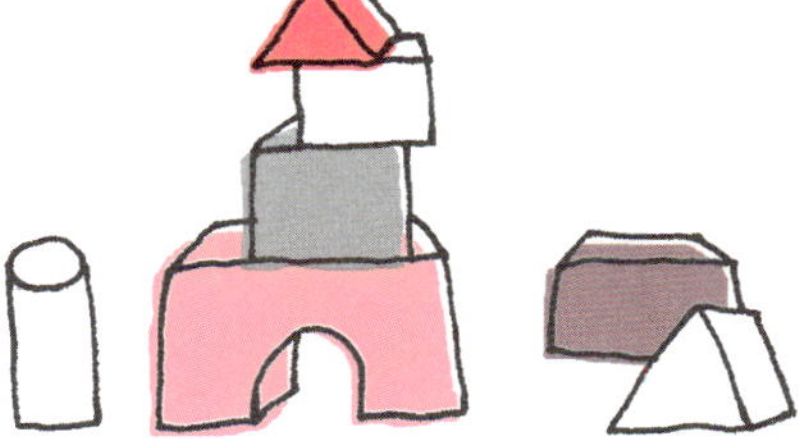

甘やかして育てたほうが
早く自立します。

わたしが「子どもが望むならいつまでも過保護にしていいのです」とお話しすると「望むままに抱っこしていたら、甘ったれて依存心ばかりが強い子どもになってしまいませんか？」とお母さんから質問されることがあります。

でも心配はいりません。小学生になっても「抱っこして」と言うのはそれが必要だからです。中学生や高校生だって求められたら抱っこしてあげてください。幼いころの抱っこが足りなかったのかもしれませんね。

そうやって望むままに抱っこする、つまり過保護に育てたほうが、早く自立します。

自立とは、自己を確立して「ひとりだち」していくことです。でもそれには人に依存する力が必要です。逆に依存される力も必要です。自立している人とは、お互いに支え、助け合いながら人間関係を結ぶことができる人をいうのです。

自分に対して「ボクはかけがえのない存在だ」という自己肯定の気持ちがあると、他人とのあいだの垣根が低くなります。

逆に自分に自信がなかったり不安が強いと、他人とかかわることは恐怖でしかありません。人の気持ちを理解したり、友情を育てるのがむずかしく感じられます。

四十年ほど前になりますが、留学中に受けた講義で、イギリスの乳児院での実験育児について知りました。それは、それまでのマニュアル通りに定時に授乳し、機械的にきちんとあやして遊んであげる乳児のグループと、子どもが望むたびにミルクをあげてあやしたり遊んであげるグループに分けて、保育を行うというものです。その比較調査は小学生になっても続けられました。

その結果、望むことを望む通りにしてあげたほうが、比べものにならないぐらい早く、しっかり自立をしたと報告されています。

わたしの息子は児童養護施設の相談員をしていますが、同じような体験をしています。養護施設には様々な事情で親といっしょに暮らせない子どもたちがおり、職員さん・保育士さんは一人ひとりの子どもたちにじっくり目をかけてあげることがむずかしい状況です。子どもたちは、小さいころから自分のことは自分でやらなければなりません。

だから早く自立できると外部の人は考えますが、実際はその逆だといいます。乳児のときから、おっぱいもおむつの交換も要求どおりにやってあげることが大切なのですね。

自分を否定したり、不安な気持ちになったときに、それを消し去ることができるのは「親から大切にされている」という思いです。

では親はどんなふうに子どもに接したら「あなたは大切な存在よ」というメッセージが伝わるでしょうか。

過保護と過干渉については、まぜこぜに理解されていることも多いので、さらにいくつか具体的に紹介してみましょう。

こんなとき…
あなたはどうする？

偏食が心配

うちの子どもは野菜が嫌い。
ほうれん草もピーマンも
にんじんも食べません。
どんなに言い聞かせても、手をつけません。
口に入れればはき出してしまう。
ふりかけご飯ばかり食べていて
いいのかな～。

Case 1

何が何でも食べさせちゃう！

無理して食べさせるのは過干渉！

「食べないと大きくなれないよ」という言葉は、子どもの将来を心配している親にとっては正しい思いでも、子どもにとっては、自分の願いが拒否されたという感情しか残りませんね。

「大きくなれない」はおどしの言葉。しかも本当のことじゃありません。

Case 2

その気にさせて食べさせちゃう！

ごほうびもほどほどに。じつはこれも過干渉。

「言うことを聞いたら子どもの願いをかなえてあげよう」というのは、別の言い方をすると「嫌いなものを食べないと、甘えさせてあげないぞ」という意味ですね。交換条件を示して、子どもを親の要求に従わせようというのも、過干渉の一つのかたちです。

Case 3

わからないようにして食べさせちゃう！

だますこともこの場合はオーケーです。

バランス良く食べさせたい。そのために子どもにはわからない形で、料理の中にそっと混ぜることは親としてできる努力の一つ。子どもが気づかず、嫌がらずに食べるのならどんどんやってあげましょう。

でもやっぱり食べられない、というのなら無理強いするのはやめて。

すっぱりとあきらめたっていいのです。

Case 4

いつか食べられると、のんびり待つ。

待つことは甘やかしの基本

この本の読者に、子どもを放任したり無視しているお母さんがいるとは思えないので、おそらく「食べなくていいよ」と言えるお母さんは、おおらかな育児をしているのでしょうね。それでいいと思います。

ピーマンなんて子どもがおいしいと思えるわけがありません。ミニトマトだって苦手な子はいます。無理して食べさせるより、食べられるようになる時期を待っていればいいのです。

Answer

食べ物の好き嫌いで、
栄養障害を起こす子どもはいませんね。
偏ったっていいのです。
無理に偏食を治そうとして、
お母さんがカリカリすると、
せっかくの楽しみが苦痛になってしまいます。
そんなことより、
楽しく食事をするほうがずっと大切。
ニコニコ笑って食べると、心によい栄養が
たくさん吸収できますよ。

こんなとき…
あなたはどうする？

イヤイヤにお手上げ

自分の思い通りにならないことがあると、
足をダンダン！　地団駄を踏んで、
泣いて泣いて大騒ぎ
叱ればもっと泣き叫びます。
なんて言えば
機嫌を直してくれるのかな。
どうすればいいのでしょう。

Case 1

やっぱり怒っちゃう！

頭ごなしに叱っても効果なし。

こんなときは頭ごなしに叱りつけてしまうことがあります。効果がないどころか、子どもがさらに泣き叫んで収拾がつかない事態におちいることが多いのに……。しかも、親には子どもがだだをこねる理由がわからない。

「しょせん、子どもはわがままだ」と考えたらどうでしょう。あきらめると怒りが和らぎ、叱りつける厳しい言葉は口に出さないですみます。

Case 2

きりがないから放っときます!

子どもをおどして どうするの?

時間がなくて急いでいるときに、ちょっとしたことでだだをこねられたらイライラします。でも急いでいるのは親の都合でしかないのかもしれません。

子どもの頭を冷やすつもりではなった「もう知らないよ」というひと言は、子どもを突き放す、おどしのきいた言葉です。子どもは見捨てられたと感じます。

Case 3

落ち着くまで待ってます！

周囲の目を気にしない。いいですね。

だだをこねてみせるのは、子どもがだれの前でいちばん安心しているかの表れでもあります。子どもは安心できる人の前でなければ地を出しません。信頼されているのだと自信をもっていいのです。

周囲の目を気にして無理に収めようとするより、見守りながら「待つこと」は、かわいがり育児です。

特に反抗期は、「やってるな」とゆとりの気持ちで子どもを見守って下さい。

Answer

子どもは、安心できる人の前でしか、
だだをこねません。
ぐずるのは、
あなたを信頼しているからです。
親の前ではとってもいい子なのに、
保育園や幼稚園ではだだをこねる子のほうが心配です。
周囲の目を気にしないで、
だだをこねるしかないやるせない思い、
丸ごと受け止めてください。

子どもがだだをこねるのは、
あなたを**信頼**
しているからです。

息子が五～六歳のときのことでした。夕食が待ち切れなくなった子どもが、「何か食べないと死んじゃう」「何かちょうだい！」とだだをこね始めました。

料理中の妻はおだやかに「ごめんね。もう少しだから待っていてね」と言っています。

ついに息子はわんわんと泣き出して、祖父母の部屋に駆け込み、おばあちゃんに「お母さんは意地悪だ」と訴えました。孫がかわいくて仕方がないおばあちゃんは、「それはかわいそうに」なんて言いながら、「おせんべいがあるよ。和菓子をお食べ」と孫をなだめました。ご機嫌を直した孫の様子がうれしくておばあちゃんはニコニコ顔です。

さてその後、家族が集まって夕飯を食べ始めると、お腹がいっぱいの息子は夕飯を食べることができません。それはそれでさびしかったことでしょう。それでいいのです。

おばあちゃんが悪いわけではありません。息子は、「今望んでいることをその通りやってあげるよ」というおばあちゃんの過保護そのものの愛情を受けることができたのですから……。それに、「ちょっとがまんね」というのも親の愛情だと気づいたはずです。

「今日は何が食べたい？」

子どもの気持ちを

聞いてあげてください。

わが家の食卓には料理を盛り付けた大きなお皿が並びます。幼いころから、子どもたちに「これを食べなさい」「食べなくてはいけない」ということはいっさい言いません。子どもたちは大きなお皿から、好きな料理を好きなだけ、自分のお皿に取ります。

そこに取り分けた料理は残さないことだけが、ルールらしいルール。子どもたちは嫌いなものは手をつけず、好きなものを好きなだけ食べていいのです。

と言ってもハンバーグなどは「一人一個ずつね」と最初に念を押されるのですが……。

妻は子どもたちに「今日は何が食べたい？」とよく聞いていました。

じつは、これはとても大切なこと。

思春期になって、親子の関係がねじれて会話がないといった場合にも、わたしは「子どもに『何を食べたい？』と聞いてみてはどうでしょうか」と伝えます。

食べたいと望んでいることに応えることは、甘やかし育児です。幼いころに時間を戻して、子どもを甘やかしてあげて欲しいからです。

子どもの気持ち、どんどん聞いてあげてくださいね。

第2章のまとめ

自立心を育てる
甘やかし方のポイント

- □ 甘やかしの基本は「待つ」こと
- □ 子どもが望むなら
  いつまでも過保護にする
- □ 過保護はOK、過干渉・放任はNG
- □ 子どもの望みに「今」応えてあげる
- □ 子どもが本当に望んでいることを
  見極める
- □ 「そのままのあなたが好き！」と
  伝え続ける

第3章

しつけはいつから？どうやって？

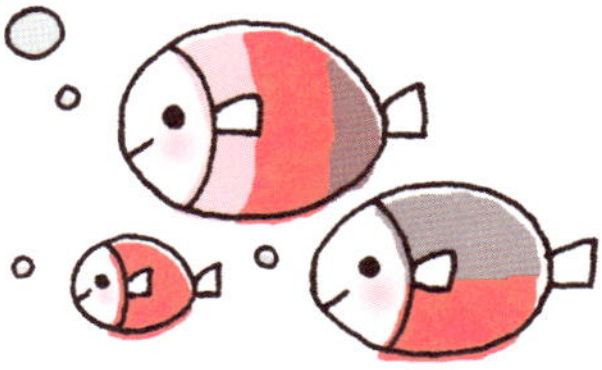

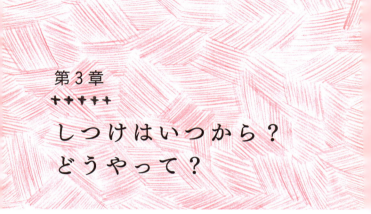

赤ちゃんのころは
土台作りの時期。
しっかり作ると
ちょっとのことでは倒れません。

子どもは年齢によって発達するべきものが様々に変わっていきます。身体の発達も、心の発達も時期によって違います。乳幼児期、学童期、思春期、青年期と順々に過ごしながら、その時期に学び取ることを、順々に学びながら成長していきます。

成長とは積み重ねなのですね。

わたしは成長を、建物作りにたとえてよくお話をします。乳幼児期は、土台作り、基礎工事の時代です。土台がなかったり、しっかりしていない家は、グラグラして不安定だったり、ちょっとしたことで倒れてしまいます。でも土台がしっかりしていれば、強風が吹いても地震がきても、なんとか持ちこたえることができますね。土台がしっかりしていないと、大きな家も高層ビルも建ちません。

人間も同じです。では人の土台とは何でしょうか。

乳幼児期は、ひと言でいうと、人を信じることと、自分を信じることの基盤作りの時期です。

その信じる力のもとになるのは、「ボクは守られている」という安心感だと第2章でお話ししましたね。それが人間の土台になるものです。

ところでこの時期、赤ちゃんはもう一つ大切なことの基盤を作ります。

それは、自分で自分の衝動をコントロールすること。

その手助けをするのが「しつけ」です。

この章では、そのしつけについてお話しします。

いよいよ「しつけ」。でも、
すぐできる子がいい、
とは限りません。

「しつけはいつから始めたらいいですか?」「叱らないでしつけるにはどうしたらいいですか?」「どれぐらい厳しくしつけても大丈夫なのですか?」などと、わたしはよく質問されます。

しつけについては多くの親が迷いや悩みを感じています。

しつけというのは、親が「ああして欲しい」「これはいけない」と子どもに伝えることです。でも、それ以前に、十分に子どもの望みに応えてあげているかどうか、親は振り返ってみてください。

「○歳だからこれができなければいけない、できていないのはおかしい」という発想はちょっと違うのです。

大切なのは気長に待ってあげるということ。

最初は手でぐちゃぐちゃにしてごはんを食べていてもいい。やがて「手づかみはダメだよ。スプーンを使おうね」と教えてあげる。

スプーンを上手に使えるようになり、本人がお箸に興味を示したら「お箸はこうもとうね」と教えるというように、子どもの成長に寄り添うようにして、ゆっくり順番に教えていけばいいのです。

でも「教えたことはすぐにできる子にしよう」という発想はもたないでください。

何でもすぐにできる子が「いい子」とは限りません。子どもには発達のプロセスがあり、どんなに必死に覚えさせようとしても、時が来なければ、覚えることができないのです。

何でも自分でしたいのですから、
できる時期がくれば
ちゃんとできるようになります。

子どもは教えてもらうのが大好き。書けなくても字が書きたいし、スプーンを使うのがやっとでもお箸を使いたがったりします。

何でも自分でしたいのですから、できる時期がくればちゃんとできるようになるものなのです。

いつできるかは、子どもに任せましょう。

おだやかに上手に教えてあげれば、何でもやりたがるのが子どもです。やりたいことをできるようになるまで、教えてあげる。無理強いをしないで、子どもが自分の力でやれるようになることが、子どもの自尊心を大きくすることにつながります。

歩くこともそうですね。

親が「早く歩かせよう」と必死に教えたからといってすぐ

に歩けるようになるわけではありません。

つかまり立ちができるようになって、そのうちにタッチができるようになり、そして何となく歩けるようになったときに、「こうやって歩くんだよ」と教えてあげていると、ある日、ひょいと歩けるようになったりします。

自分ひとりの力で、一歩二歩と踏み出したときの子どもは、とても得意げですね。うれしそうですね。

親がその様子を喜びほめると、子どもはさらにうれしそうな表情を見せますね。

そして、その歩き方はその後、大人が驚くほどのスピードでどんどん力強く、確かなものになっていきます。

こんなふうに歩き始めた子どもは、他にもいろいろなことに挑戦したがるようになり、また、次々とできるようになっていきます。

これは自分で「歩こう」と思ったときに歩けたことで、自尊心が生まれ、自分に自信がついたからなのです。

1
立ち上がったら
手をそえて
2
ほめて
おー！
3
手助けして
いると…
よいしょ
よいしょ
4
ある日突然
歩ける
ように…
やったー！
パチパチ

子どもの**自尊心**を
傷つけないこと。
これだけは守ってください。

しつけは、文化的な約束事だとわたしは考えています。ですから国や地域、時代によってもしつけは変わります。

極端な言い方をすると、平均寿命の短い社会で生きていくには、それだけ早くしつけなければならないし、みんなが長生きなら、ゆっくり教えていけばよい、ということにもなります。

家庭によっても、しつけは違って当然です。食事のマナーに厳しい家庭もあれば、のびのび食事する家庭もある。基本的には「これだけはしつけておきたい」ということも、それぞれの家庭で決めていけばよいのだとわたしは思います。

ただし、しつけをするにあたって、どんな時代、どんな家庭であっても絶対に守っていかなければいけない共通のものがあると思うのです。それは「子どもの自尊心を傷つけないでおくこと」と、「できるようになる時期は子どもに決めさせる」という二点です。

とくに大切なのが、子どもの自尊心を傷つけないように教えてあげることだと思います。

ここさえ気をつけて守っていれば、どんなに厳しくしつけても大丈夫だし、この一点がくずれてしまえば、どんなしつけもうまくは伝わらないでしょう。

親は子どもに自尊心があるのだということを忘れがちです。そのために、つい、大人に対しては絶対口にしない「バカね」とか「だから無理だって言ったじゃない」などと言ってしまう。

親と同じように自尊心がある子どもたち…。頭ごなしに何かを教え込むのではなくて、失敗を何度でもさせてあげるという発想、できるまで待っててあげるという姿勢、それを忘れないようにするといいですね。

自尊心が
育つしつけ

どんなに小さなことでも
できたことを
ちゃんと認めてあげる。

子どもは何かしたときに「ねえねえ見て、こんなことができたよ」と言いに来ますね。
これは「こんなことができるようになった」と承認して欲しいから。親の承認を得ると、子どもの自尊心は大きくなっていきます。

自尊心が育つしつけ

失敗しても挑戦したことを認めてあげる。

子どもたちは自尊心を大きくしたいから、自然に歩き始めたり、自分でやろうとして失敗をします。上手にお箸を使えないのに、お箸を握ってごはんを食べようとするのも自尊心を大きくしたいから。その挑戦を認めてあげれば、自尊心を育てていくことができます。

自尊心が傷つくしつけ

できないことを叱る。子どものチャレンジを認めない！

何でもやりたがるのが子ども。
できないのがあたりまえですね。できなくても、挑戦したことを認められるのと、逆に叱られるのでは、同じ失敗でも子どもの心に芽生えるものはまったく違うのです。

自尊心が
傷つくしつけ

きょうだいやお友だちと比べる。

大人だって他の人と比べられるのは嫌なもの。きょうだいと比べたり、お友だちを引きあいに出してはいませんか。成長の様子が気になる親は、つい他の子どもたちと比べてしまいます。

子どもにとって、自尊心は
生きるための希望です。

新しいことをやろうという意欲のもとです。

「できないのによくがんばったね」

「できるまで教えてあげるよ」

「手伝ってあげるよ」

このように言われて育つ子どもには、
どれほど豊かな自尊心が育つことでしょう。

子どもに伝えてください。

「いつできるかは
自分で決めていいんだよ！」

しつけをする上で、自尊心を傷つけないことと同じように大切なのが、「すぐにできなくてもいいんだよ」というメッセージを伝えてあげるということです。

いつできるかを決めるのは、親ではなくて子ども自身。だから親は、いろいろなことを教えながら、同時に「待っていてあげるから、急ぐことはないよ」と伝えましょう。

すると、一歩一歩、何かをできるようになることが、子どもにとっての大きな喜びになります。

親にもいいことがあります。

それは「いつできるかな」「どんなふうにやるのかな」とわくわくしながら、そのときを楽しみに待てること。待つ楽しみを味わうことです。

過保護な親の発想は？

教えても、
すぐにできないのは
あたりまえ。

できるまで
待っていてあげる。
何度でも手伝って
あげよう。

この子は
どういうふうに
やるのかな。
楽しみだな。

いつできる
ようになるかは
自分で決めて
いいからね。

子どもの気持ち

ひとつひとつ
できるように
なるのは
とても
うれしいな。

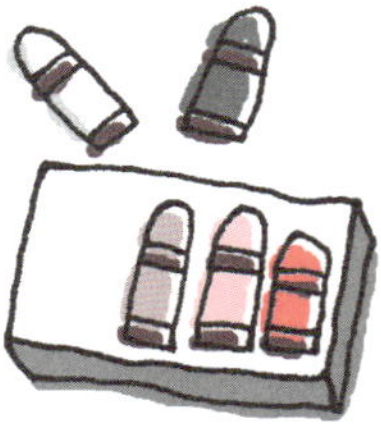

自分でやると決めたら、
ルールを守ることも
楽しみになります。

「できるようになる時期は自分で決めていいからね」という発想でしつけをすることは、子どもの自律性を育てます。

「自律」とは、心理学の専門用語ですが、自分の衝動を自分でコントロールすることをいいます。この「じりつ」は自己の確立を意味する「自立」ではなくて、「自分を律する」という意味です。

言葉はむずかしいけれど、たとえば、おむつをはずしてトイレでオシッコをするようになるのは自律の第一歩です。外出のときに、自分から靴をはくのも自律です。

自分でこうしようと決めて、自分で動く。

子どもは、自分自身が、できるようになりたいと望んだときに歩き始め、言葉を覚え、靴をはき、ボタンをとめるようになっていきます。

自分で一つひとつ、できるようになる時期を決めているのです。「自分で決める」ということが幼児期の土台作りではとても大切なのです。

ところが、たとえば、トイレトレーニングで、「そろそろオシッコが出る時間だから、トイレに座ってなさい」といった教え方をしていたらどうでしょうか。

こうした「早くできるようになりなさい」という発想のしつけは、できるようになる時期を親が決めつけています。子ども自身は親に「○○しなさい」と命令されたからやることの繰り返し……。自分で決めてやることの達成感や楽しみを味わうことができません。

「もっと遊びたいけれど時間がきたから寝よう」とか、「友だちを叩くと痛いからやめよう」と自分を抑えることが、無理なく素直にできるのは、自律性がすくすくと育まれたあかしです。

過干渉な親の発想は？

まだ
あれができない。
これもできない。
どうしよう。

何で
覚えられないの？
もうできる
はずなのに。

もっと
がんばろうよ。
もっともっと
がんばろうよ。

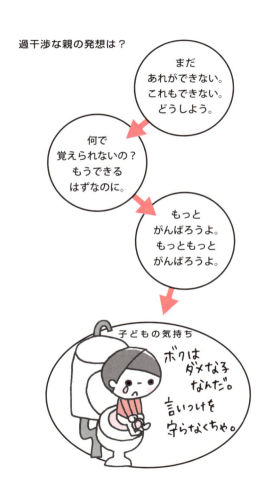

「できるまで待ってるよ」
というしつけが
キレない子を育てます。

自律性がないこと、つまり自分の衝動を自分でコントロールできなくなった重症の状態が、「キレる」ではないでしょうか。

今の思春期の子どもは、キレやすい子が増えているといわれています。怒りや衝動を抑えられない子どもは、乳幼児期に、自律性が育てられなかったと言えるかもしれません。

自律性を育てるというのは、キレない子を育てることと言ってよいと思います。それには、厳しく命令するのではなくて、「できるようになる時期は自分で決めようね」「手伝って欲しいなら何度でも手伝ってあげるね」としつけること。むずかしいことではありませんね。

こんなとき…
あなたはどうする？

友だちとケンカ

公園で友だちと仲よく遊んでいたのに…。
ハッと気づくと友だちがワーワー泣き始めた。
無理にオモチャを横取りしようとした友だちを
うちの子がぶったのだ。
その子のママの顔色も変わった。
どうしよう……。
子どものケンカに大人が口出ししていいの？

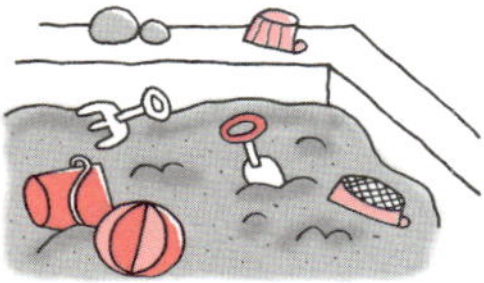

Case 1

暴力は絶対に許せない！厳しく叱る。

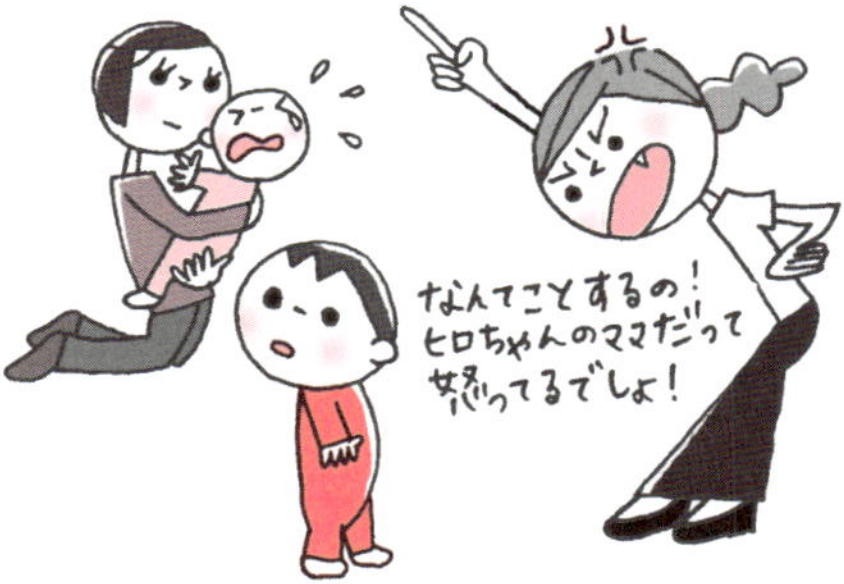
なんてことするの！
ヒロちゃんのママだって
怒ってるでしょ！

叱っているのは自分ため？しつけにはなりません。

お友だちとのトラブルの場合、相手の親の手前もあって、つい厳しく叱ってしまうことも多いのです。自分の世間体のために、カーッと頭に血が上っていませんか。

叱る理由がちゃんと伝わらないと、しつけにはなりません。

Case 2

いけないことを叱る。何がいけないか考えさせる。

何があったの？
自分だって、ぶたれたら
痛いでしょ。

事情を聞いてから叱ると親の気持ちが伝わる。

友だち同士のケンカに大人は介入しないほうがいいけれど、2～3歳の子どもはまだ、わがままで気ままな行動をとることも多く、集団遊びがうまくできません。子どもにルールが身につくまでは大人は教え伝えることが必要です。

こんな場合は、カーッとして、一方的に叱るのではなくて、まず、子どもの事情を聞いて、それから、何が悪いかをきちんと伝えて叱るのが大切ですね。

Answer

カーッとなったら、
手を出す前に1、2、3……10数える。
厳しく叱る前に、5数える。
そして、思い出してください。
子どもは、相手のことを考える能力が未熟です。
自己中心的なのは、
自己主張できるということでもあるのです。

親を信じているから
「こんなワルでも好き？」と
反抗します。

子育ての中でも手を焼くのが反抗期です。乳幼児期の反抗期は、二歳から三歳のころに起こります。なにを言っても「イヤ」「やらない」と、この時期の子どもたちはアマノジャクです。その相手をすることは本当にたいへんです。

痛ましいことですが、この年齢の子どもに虐待を受けるケースが多いという事実は、反抗期を乗り切ることができない未熟な親が多いということを物語っていると言っていいでしょう。

では、子どもの反抗期を親はどう乗りこえればいいでしょう。

一つは、親を信じている、安心しているから反抗するのだと考えること。そんな気持ちがあると、「ああ、またやっているな〜」と距離をおいて子どもと接することができます。

反抗というのは「これでもボクのこと好きでしょう。わたしのこと好きでしょ?」という「子どもの確かめ行動」なのです。親の愛情を、反抗してみることで確かめているのです。

そんな親の愛を確認することは、自分の存在を確認することでもあります。親から愛されている自分を確認して、自己肯定感や自尊心を育てているのです。だから子どもの成長に、反抗は必要なものでもあるのです。

それがわかっていると、「何だかナマイキなことを言っちゃって!」と、イヤイヤばかり言っている子どもも、かわいく見えるのではないでしょうか。

それに、それまで子どもの言うことをよく聞いて、過保護の状態が徹底していると、反抗は小さくなるということも言えます。改めて確認しなくても、十分に愛されているぞ、とわかっているからですね。

喜びをたくさん分かち合うと、
悲しみも分かち合える
ようになります。

生まれたばかりの赤ちゃんは、やさしく愛されることで幸せになります。でも、やがて前にもお話ししたように「わたしを愛することであなたも幸せになってください」と願うようになります。

「五～六カ月になると子どもは親と喜びを共有したいと願うようになる」と気づいたのは、二十世紀前半に活躍したアンリ・ワロンというフランスの心理学者でした。発達心理学の礎を築いた彼は、子どもたちを観察して、すばらしい研究を残しました。

そして、観察を続けた彼は、次のような大切なことも発見しています。それは……

「喜びを分かち合う経験を十分にしたあとでなければ、他者と悲しみ(苦しみ・痛み)を分かち合う感情は発達しない」ということ。

悲しい体験をたくさんした人が、他者の悲しみをわかるのではないのです。

「わが子には人の痛みがわかる人間になって欲しい」と多くのお母さんが思っているのに、小学校や中学校で、陰湿ないじめ問題が起こっています。親の願いとは裏腹ですね。

友だちと共感する感性の欠けている、友だちをいじめてしまう子どもたちは、幼いころに、喜びを分かち合う経験が少なかったからだと言えます。

「あなたがいるとうれしい」という喜びの感情を、周囲の人間とたくさん交換した子どもほど、「○○がかわいそう」というやさしい気持ちや、「ボクがこんなことしたら○○ちゃんが悲しむ」と友だちを思いやる気持ちをもてるのです。

子どもは今を生きている。
今が楽しいと
明日も待ちどおしい。

「もう寝なさい」と声をかけると「は～い」と返事をしてさっさと寝る子どもたち。幸せなんですね。

守られているという安心感があるから、目をつぶって眠ることがこわくない。朝になればまた、楽しい一日が始まるとわかっているからです。

でも、もしその日が楽しくなかったら、その埋め合わせをしたくて、ぐずぐずと夜更かしをしてしまう。みなさんにもきっと、テレビをザッピングしながら何となく深夜まで過ごした経験があることでしょう。子どもだって大人と同じです。

それに、自分は守られていると信じることができないと、闇の中で眠ることは、子どもにとっては独りぼっちでさびしくて、とてもこわいことなのです。

過干渉の親は、子どもの将来のことを心配するあまり、そのときの子どもには理解ができないことまで「○○してはダメ」「○○しなさい」と押しつけてしまいがちです。

でも、子どもが「将来のためには、今はつらくてもがまんしたほうがいい」と理解できるようになるのは、かなり成長してからです。小学校の高学年ぐらいでしょうか。

幼いのに、将来のために今をがまんできる「いい子」は、自分のためではなくて、お母さんやお父さんを喜ばせたい一心なのかもしれません。それでは、子どもは「今」を楽しむことができません。今が楽しくないと、明日が来ることも待ちどおしくはないし、未来に希望をもつこともむずかしい。

忘れないでください。

子どもは「今」を生きています。

= 3

失敗はたくさんさせる。
叱らないで。

子どもには未来を予想する力がありません。だからたくさん失敗をします。自分で持ち上げられないモノをもって落とす。マヨネーズのチューブを押し過ぎて、中味が飛び出す。つまずいてころぶ。子どもの毎日は失敗の連続です。

だからといって、モノをいつも親がもち、マヨネーズのチューブを取り上げていたら、子どもは失敗を経験することができません。失敗する前についい手を出してしまったり、命令をするのは過干渉。失敗はたくさんしていいのです。

失敗したときに、それを叱らずに、「次はこうしてみたら」と言いましょう。

今が楽しいと、明日がやってくるのも待ちどおしい。「目が覚めたらどんないいことがあるのかな」と寝るのだって楽しみです。将来のために、「今つらくてもがまんする」ということは理解できません。子どもは今を生きています。

こんなとき…
あなたはどうする？

モノを欲しがる

お店に行けば「あれが欲しい、これ買って」。
同じようなモノをいくつももっているのに。
買い物に行くたびに
「ダメ、ダメ」と言い続けて、
ため息が出てきます。
このままじゃわがままな子に
なっちゃいませんか？

Case 1

無理！　ぜったい買わない！

「ノー」と言わないのも放任です。

そもそも「あれ買って、これ買って」とねだる子は、気持ちがどこか満たされていないのでしょう。モノより、もっと大切な子どもの望みにも気づいていないのでは…。親から無視されるのは、子どもには叱られる以上につらい体験です。

Case 2

買ってあげちゃう!

子どもに関心ありますか?放任と変わりません。

「ダメ」と言うのがめんどうで、ついつい買ってあげてしまうのは、子どもを甘やかして育てていることとは違います。むしろ、親が自分のことを甘やかしていることの表れ。

レベルの違いはありますが、車の中に子どもを置き去りにしてパチンコに行く親と、していることは同じです。

Case 3

条件をつける。

条件付きは
やっぱりバツ！

条件付きで望みをかなえると約束したのですから、ちゃんと約束を果たしてくださいね。

本来は、モノを買う買わないよりは、ほんとうに欲しいかどうかの判断が先ですが…。「それなら今日は買おうね」「また今度にしよう」と伝えることがいいのです。

Case 4

十円の駄菓子を五つ買う。

ときにはママのトリックもOKです。

「今日は買えないよ」

そんな言葉でも子どもが素直に「そうか」と納得するなら、ふだんちゃんと甘えさせているということ。子どもの言うことを十分、聞いてあげているのでしょうね。でも、買ってあげてもいいモノ、いい時期には買ってあげてください。お菓子を一つ買うより10円の駄菓子を5個買うほうが満足度が高いなら、それもいいじゃないですか。

Answer

今の世の中にはモノがあふれかえっています。
子どもでなくたって、自分を律することのできなくなっている人がたくさんいますよね。
でも本当に欲しいのかな？
気持ちが満たされていないから
モノを欲しがる。
モノは心を満たす
何かの代償でしかないことも多いのです。

こんなとき…
あなたはどうする？

うそをつく

子どもの話にうそが混じるようになった。
お友だちに「飛行機にのった」とうそを話したり、
空想のお友だちが「うちに遊びに来た」と言ったり…。
自分でお菓子を食べたのに、
「食べたの、だあれ」と聞くと、
「わからない」と知らんぷり…。
とてもショック。

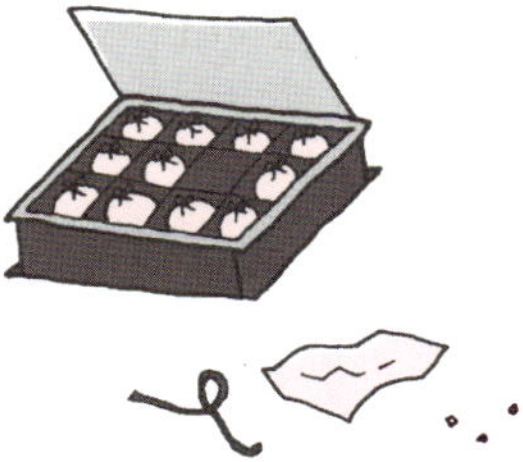

Case 1

悪い子になったらたいへん！原因をつきとめる。

問い詰めては逃げ場なし！自尊心も傷つく。

うそをついたことの理由を最初から言えるなら、子どもはうそなんてつかないと思います。親に隠したい、親に言ったら叱られると思うから、すぐにわかるようなうそでも、つい言ってしまう。だから「なぜうそをついたの？」と問い詰めれば問い詰められるほど、子どもには逃げ場がなくなってしまうのです。

うそをついた時点で、子どもは「どうしよう」と反省しています。

Case 2

うそは絶対にいけないこと！厳しく叱る。

頭ごなしに叱るより大切なことがある。

子どもにうそをつかれると、親は「裏切られた」と感じてショックを受けることがあります。でも、裏切ったわけではないのです。

うそをつくにはそれなりに理由がある。もしかして、いつも厳しく叱り過ぎていませんか。

Case 3

子どもを見守るだけ！おおらかに。

やがて想像と現実の区別がつくもの！

２～３歳の子どもには、自分が意識的にうそをついて人をだましているという自覚がありません。想像の世界で、自分が主人公になったり、できたらいいなと思っていることを現実にあることのように話したりします。

神経質にならず、おおらかに見守っていればいいのです。想像の世界に遊ぶことも、子どもの心を豊かにしていきます。

Case 4

まずは納得したふり。それから「しつけ」

ママはホントはわかってるぞ、とメッセージ。

4～5歳ぐらいになると、自分を守るためにうそをつくようになります。叱られたくない一心で、自分を正当化したりします。これはやはり「いけないこと」だと教えなくてはいけませんね。

でも、子どもはうそをついたことですでに後ろめたい思いでいっぱいになっています。だから、責めるより「へぇー、そうなの」とまず納得。「でもね」と話を始めましょう。

Answer

子どもは成長とともに、
うそがつけるようになります。
お母さんが知らない世界があることを
理解したわけですから……。
うそをつくのも一つの能力なんです。
でも、自分を守るために
たくさんうそをついていたら、
そうさせているのは親自身です。

うそは、ときには**必要**なもの。
おおらかに教えてください。

大人はだれでも多少うそをつきながら生活しています。自分を守るためや、都合の悪いことを隠そうとしたり、得をしようとしてうそをつく人もいます。

それだけでなく相手を傷つけまいとしてつくうそや、その場をおだやかにしようとしてつくうそもあります。

ところで、わたしが接することが多い自閉症の子どもたちの多くは、全くうそがつけません。自分のこだわりや自分の要求に率直である一方、周囲の人とのコミュニケーションには興味がありません。だから、うそをつく必要がないとも言えます。

そんな彼らと接していると、社会では、うそが人間関係の潤滑油のような役割を果たしていることにあらためて気づかされます。

うそはいけないことだけれど、ときには必要なものでもある……。ただし、親は「うそはいけない」とおおらかに教えていれば、「ときには必要なものだ」ということは、社会性を身につける過程で、子ども自身が自然に学んでいくと言えます。

第３章のまとめ

キレない子どもを育てる しつけのポイント

- □ いつできるようになるか、は子どもに任せる
- □ 子どもにも自尊心があることを意識する
- □ 何度でも失敗させてあげる
- □ 「○○しなさい」「○○してはダメ」と押しつけない
- □ どんなに小さい成長も認めてほめる

第4章

かわいがり上手になる8つの方法

かわいがり上手になる方法 1

叱り過ぎのお母さん。「がんばってるね」と自分をほめよう。

子どものことを心配し過ぎて過干渉になっているお母さん、子どもを叱ってばかりいる自分を責めていませんか。「わたしはダメなママだ」と落ち込んではいませんか。

親が過干渉になるのは、「こんな子に育って欲しい」という理想があるからですね。親ですから理想があるのは当然です。でもその理想に縛られて、子どもの望みが聞こえない、応えることができなくなってしまうのは、なぜでしょう。

それは、お母さん自身が「もっとがんばらなくては」という強い思いや「もっとがんばればよかった!」という後悔を抱きながら子育てをしているからです。

「もっと勉強をしておけばよかった!」と後悔している人に限って、子どもの成長の段階を省みないほど、教育熱心になってしまいがちです。

もしかしたら、お母さん自身が「〇〇できない子は悪い子」

といったメッセージを、自分の親から送られながら育ってきたのかもしれません。

「わたしはわたし。これでいい」というのびのびとした自己肯定の気持ちがないと、子育ても不安になりがち。力が入り過ぎてしまいます。


鏡に写っている自分の顔をのぞいてみてください。ほら、子育てにがんばっているお母さんの顔が写っています。

ちょっと疲れているのはがんばっているあかし。

「よくやっているね」と自分で自分をほめてあげてください。

かわいがり上手になる方法 2

夫婦でたくさん話をすると、お母さんはかわいがり上手になる。

夫婦の仲がいいと、お母さんは、かわいがり上手、甘やかし上手になります。叱り過ぎないお母さんになります。

わたしは、かつて厚生省（現・厚生労働省）から委託されて横浜市の子育て中のお母さんたちの気持ちを調査したことがあります。それ以前の神奈川県での調査を含めて、乳幼児検診に来た方たち、五千人ぐらいにご協力をいただきました。

調査では、子育てをしている日々に大きな不安を感じているお母さんが全体の三分の二もいることがわかりました。

さらに、具体的に「大きな悩みはありませんか」と聞いていくと、子どものからだのことや言葉の問題、生活習慣のことなど、いろいろなことに悩んでいます。自分自身の時間がもてないという悩みもあれば、逆に、子どもとふれ合う時間がとれないと悩んでいる人もいます。みなさん悩んでいるのですね。

この調査ではお父さんたちの育児参加についても聞きました。

最初の集計では、お父さんがおむつを換えるといった手伝いをしている家庭ほど、お母さんの育児不安が軽くなることが注目され、わたしたちも「なるほど」と思ったものです。

しかし、これを統計の専門家に分析してもらったら、少し違うことがわかってきたのです。

「子育てに悩みはあるけれど、生きがいを感じる。楽しい」というプラスの気持ちがもてるお母さんは、「夫とのコミュニケーションがうまくいっ

ている」と答えた人でした。

お父さんが直接、育児に参加するより、夫婦の関係が良好なほうが子育てへの影響が大きかったのです。

つまり、たとえ、お父さんが忙しくて育児の手伝いができなくても、夫婦の間に会話があり、おたがいが理解し合えていると、お母さんの育児ストレスは軽くなる。育児の悩みを夫に相談できていると、イライラすることが減るのです。

夫婦の関係に満足していると、子どもの成長を待つとか、失敗をやさしく受け止めることがしやすくなる。

子どもにやさしくできるのです。

「たいへんだね」と言うと「あなたこそ、がんばってるね」と返ってきます。やさしい気持ちを交換すると、ママもパパも自己肯定感が強まります。子育て力もアップします。喜びを分かち合うのは親子のあいだだけじゃないんです。

かわいがり上手になる方法3

祖父母を巻きこみ、子育てパワーを高くする。

わたし自身は三世代同居ですから、子どもたちは祖父母とかかわりながら成長しました。それはとてもよかったと思っています。

「お父さんに叱られた〜」と泣きつく孫を「おや、お父さんだって三歳になるまではできなかったよ」と、祖父母はよくなぐさめていました。

孫自慢も手放しです。毎年、薬箱の中味を取り換えにくる富山の薬売りの人にまで、たくさん自慢をしていました。ほんのちょっとした孫の成長が、うれしくて仕方がないのです。

親には子どもをしつける責任があるから「○○してはいけない」という発言をしがちです。その点、おばあちゃんやおじいちゃんは、今、孫が喜ぶ顔が見たいわけですから、孫の望みに今、応えようとしてくれる。

子どもをそのまま受け入れて、甘やかすという育児は、祖父母のほうが上手です。「甘やかし過ぎるわ」などと気にしないで、おおいに甘やかしてもらっていいと思います。

わたしが留学中のことです。カナダでは小学生が二人組になって老人ホームを何回も訪問していました。

最初はうかつにもそれを高齢者をなぐさめるボランティア活動だと思っていましたが、それは二次的な目的で、いちばんの目的は子どもの自己肯定感のためだったのです。

子どもたちは作文や図工の作品をもってホームを訪れて、絵の説明をしたり、作文を読んだりします。

高齢者はその出来のいい悪いはまったく問題にしません。「ほうほう」とうなずき、ニコニコ子どもたちを見守ります。

なにしろ、子どもたちが来てくれるだけで十分にうれしいからです。

ホームの高齢者が見せてくれる受容の仕方は、親にも教師にもできないことです。それこそ「ありのままでいい」という感覚です。

わたしも倉敷のひとり暮らしの老人宅やホームへ小学生や保育園・幼稚園児を訪問させるプログラムを行いました。そこでもカナダ同様に、子どもたちがイキイキしていました。

おばあちゃんが甘やかすからといって、逆に「わたしが厳しくしなくちゃ」と命令の言葉ばかりになってしまうお母さんがいます。

でも、本当に、子どもが甘やかされたいのはお母さんだということは忘れないでください。

おばあちゃんはその代理にすぎません。

かわいがり上手になる方法4

人に頼っていいのです。迷ったら相談に出かける。

育児不安の調査の結果、夫婦のコミュニケーションに満足していると育児不安が少ないことは前に紹介しましたが、同じ調査で、もう一つはっきりしたことがあります。

それは、育児に肯定的な気持ちをもっているお母さんは、「近所や地域のお付き合いに積極的な人が多い」ということです。どうしていいかわからないときは、とりあえず「人」に相談します。実家のお母さんやお義母さんだけではなく、地域の子育ての友だちや先輩お母さん、小児科医や保健師さんなど、とにかく「あの人に聞いてみよう」と考え、行動をしています。

逆に、育児不安が強いお母さんは、育児書や育児雑誌、テレビなどに頼りがちです。

「そうだ、検診のときに会った保健師さんに聞いてみよう」と思えないのは、困っていても人を頼りにすることができないから……。

人と関係をもつことに不安があるから、人に甘えることができない。

でも、人は頼りにしていいのです。子育ては、お母さん自身の、それまでの人間関係のもち方を変えるチャンスかもしれません。

保健師さんもお医者さんも、質問すれば的確なアドバイスを返してくれます。ご近所の先輩お母さんのひと言で、目からウロコの発見をすることもあります。保育士さんの「だいじょうぶよ」で、不安の霧がサーッと晴れることもある。

子育て中の親子のまわりには、それを助けたいと願っている人がたくさんいます。相談をされてお母さんの役に立てることは、その人にとっても喜びです。

かわいがり上手になる方法 5

育児書は、気に入ったところだけ参考にする。

育児書や育児マニュアルに書いてあることはいろいろ。正反対のことが書かれていることだってあるでしょう。また マニュアルに書かれている発達の事例や数値を、自分の子どもと比べて不安が増すことも少なくありません。

一つだけはっきりと言えるのは、どんな書物に書かれていることでも、「したがい過ぎない」ということ。

人にはそれぞれに個性があり、書かれていることがすべての親子にあてはまるものではありません。子育てには「これがいい」というものも「これだけでいい」というものもありません。育児書は、気に入ったところだけ参考にすれば十分です。

かわいがり上手になる方法6

お父さんの母性も大切にする。

「最近のお母さんは『母性』が足りない。お父さんが『父性』を発揮していない」といった言葉をよく耳にしますね。「母性」と「父性」についてはいろいろな呼び方や考え方があり、肯定的に考える人もいるし、否定的に考える人もいます。

わたしの考えでは、母性性は「子どもたちを包み込む力」のことです。理想を言えば「子どものありのままを承認する力」のことです。その一方、父性性というのは、「子どもたちに規則や規律を教える力」のこと。どちらも大切です。

母親には母性が、父親には父性が備わっているというイメージがありますが、男女の性別を問わず、ひとりの人間には、必ず両性的な機能が備わっています。

母子・父子家庭でも、親の両方の機能が健やかに発揮されればいいのです。実際そういった家庭はたくさんあります。

わたしはしばしば妻から「母性性が強い人間だ」と言われますが、その指摘は間違ってはいないと思います。

でも、最初からそうだったわけではなく、父親として子どもに接し、また、児童精神科医として多くの子どもたちをみてきた経験が、わたしを母性的にしてきたのでしょう。

お母さんたちも同じで、妊娠・出産・授乳などを経験していくと、母性性はごく自然に豊かに育っていくものだと思います。

ところで、わたしは、重い障害をもった子どもの親に胸打たれることがあります。それは「何かをできるようにする」という親の喜びを優先するのではなくて、障害をもったそのままを受け止め、抱え込んで大切に育てていこうという気持ちにあふれているからです。

同じような気持ちで子どもの育ちを見守ることができた

ら、つまり、母性性が豊かな家庭であれば、子どもは大きな安らぎや、くつろぎを感じながら成長します。

1
コラ！
えーん
2
うわ〜ん!!
3
うん。うん。
そうか。
つらかったな。
4
パパは
母性的。
2人合わせると
ちょうどいい!!
サバサバしている

かわいがり上手になる方法7

「そのままでいいよ」とたくさん、たくさん抱きしめる。

母性性と父性性、どちらも子どもの成長に欠かせないものですが、しかし、母性性の大切さは圧倒的です。

母性性のある場所は、世界を旅する人にとっての母国であり、航海する船にとっての母港です。その人間や船をゆるぎのないものにしてくれる。帰るべき港がない船はあちらこちらの港をいつも渡り歩かなければなりません。大変です。

子どもも同じです。

帰るべき場所があれば、自分自身の存在感がしっかりとします。その存在感は、生きる力のみなもとです。

残念なことに、母性性が十分に機能していない家庭が増えているように思います。一方、規則を教える力である父性性は、どの家庭でも十分過ぎるほど機能しているようです。

片方の親が厳しく叱ったあとで、もう片方が抱きしめている家庭は、自然にバランスがとれていると言えます。でも父性と母性はバランスもさることながら、与える順番がとても大切。

「そのままでいいよ」と親に認められて、親を信じながら成長することで、子どもは「こうしなくてはならない」というルールを受け入れる準備ができる。

しかし、母性性が十分に与えられないと、父性性を受け入れることができないのです。

だから、母性性さえ十分であれば、あとは何とかなるとすら、わたしは思っています。なぜなら、家庭の外はそのほとんどが、ルールに従うことが求められる父性性の世界だからです。

母性性を十分に与えられていれば、社会から、ルールを学び受け入れる力がついています。

かつて、横須賀で信号無視をした暴走族を注意した新聞記者が、彼らになぐり殺された事件がありました。タクシー待ちしていた会社社長が、若者グループに割りこみを注意したために暴力をふるわれて死亡してしまうという事件もありました。

注意した相手を傷つけてしまう若者は、幼いころから母性を十分に与えられてこなかったのでしょう。

だから、「そんなことをしてはいけないよ」という父性性の部分を伝えられても受け止めることができない。

それどころか、人を死なせるほどのルール違反を起こしてしまったのだと思います。

一方、親の命令にしたがってルールを守り「いい子」を続けて、ついに破たんしてしまう子もいます。中にはひきこもりや拒食症など心を病む子もいます。

やはり母性性が足りないままに、成長したのです。

それなのに、母性性より父性性を優先させる親が増えています。

母性性と父性性を与える順番が逆になってしまわないように、心にとめてください。

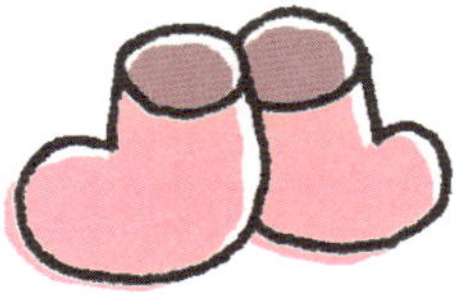

かわいがり上手になる方法 8

親にできることは不完全。みんなが助けてくれることに気づく。

「子どもは村人の知恵と力がないと育たない」というアフリカのことわざがあるそうです。そもそも、子どもは、親だけでなく、祖父母や近所の住人など、いろいろな人とかかわって豊かに成長するものなのに、そのことを忘れてしまいがちです。

どんなに完璧でも、親だけの子育ては不完全です。でも子どもはほかの人からいろいろなことをちゃんと吸収してきます。だから、あまりゆれ動いたりせず、「とりあえず、これでやろう」とゆったり子育てしていけばいいのです。

「どういう方針で育てるか」よりも「そばにいるとホッとする」と子どもが思えるようになる。それだけでいいのです。

第4章のまとめ

かわいがり上手に なるためのポイント

- □「よくがんばっているね」と自分をほめる
- □ 夫婦間の会話を大切にすると育児ストレスは軽くなる
- □ 祖父母も巻き込み、みんなで子どもを甘やかす
- □ ときにはテレビやネットではなくまわりの人を頼ってみる
- □ 育児書は気に入ったところだけ参考にする
- □ 社会のルールを教える前に「そのままでいいよ」と抱きしめる

エピローグ

色とりどりの愛に包んで

世界人類のための仕事より
ひとりの子どもを
愛し続けることに価値がある。

「子どもは三歳までに一生分の恩返しをする」という言葉があるそうです。子どもがそこにいるだけで、親は大きな幸せを感じることができるという意味ですが、昔の人はちゃんとわかっていたのですね。

そのままでいいという受容の愛を感じます。

残念なことに最近は、子どもを幸せにしようと願うより、子どもから幸せにしてもらおう、という親が多いように思います。

しかし、人間は嫌なことやつらいことを避けていても幸福にはなりません。むしろこの困難を自分の役割として引き受けよう、という人にだけ感動的な幸福は訪れる。

幸福になりたかったら、幸福にしたい人をもつことです。

子育てには悩みやつまずきも、困難もあるでしょう。しかし、「子どもを幸福にしたい」と思っていると、自分が幸福になる。

しかも、たったひとりの目の前の子どもを愛し続けるということは、世界人類のための仕事に比べてもひけをとらない価値があるのです。

いくつになってもやり直しはできる。赤ちゃんに時間を戻します。

思春期に非行に走ったり、友だちに乱暴するなどの問題行動を起こしている場合、その子どもの多くが親との関係に問題を抱えています。十分に甘えさせてもらった経験がない。過保護にされずに育ち、自分も親も信頼することができないことがその原因です。

もし、自分の子育てが自己愛が強い、あるいは母性性を十分に与えてあげられなかったかもしれないと思っても、不安に思うことはありません。そう思ったときからやり直しをしていけばいいのですから……。

どこからやり直すか。

赤ちゃんのころのギュッと抱きしめるところや、夜眠るまで手を握ってあげるところまで戻る。

思春期の子どもだって、ほんとうはお母さんに抱きしめられることは嫌いではありません。

スキンシップがむずかしいなら、心のスキンシップ。子どもに「うざい」と言われても、こちらから話しかけ、どんどん子どもにくっついていけばいいのです。

色とりどりの愛に包まれて子どもは成長していきます。

一生懸命子育てをしているお母さんは、つい自分ひとり、あるいは夫婦二人だけでわが子を育てていると思ってしまいます。責任重大です。失敗は許されないと思ってしまいます。

でもそうではありません。

子どもは、何枚もの色とりどりの薄いベールに包まれて成長していきます。おじいさんやおばあさん、お隣さん、保育士さん、幼稚園の先生など、子どもを囲んでいろいろな人がいろいろな役割を果たしてくれています。

わたしは電車の中など、どこであろうと子どもと視線が合ったときには、笑顔を送ります。言葉をかけます。

そうやって「見知らぬ人だけれど、ボクのことを気にかけてくれた」と、少しでもその子どもに思ってもらいたいからです。

そうした経験が貯金になって、名画が幾重にも色を重ねて描かれるように、色彩豊かな自我を作っていくのだと思うのです。

子育ては、親だけでやれるような単純なものではありません。

いろいろな人の手が必要だという自覚をもっていろいろな人と交わって欲しいと思います。

子どもの教育は親だけがやっても不完全ですし、他の人もやってくれます。だから、親は教育者ではなく、保護者として子どもを思いっきり甘えさせて、かわいがってあげてください。

わたしの大好きな相田みつをさんの言葉には、子育てにぴったりのものがたくさんありますが、最後に一つだけ紹介しましょう。

放任でも過干渉でもない子育てとは……

遠くから見ている

いらないことは、しなくていいのです。

本作品は小社より二〇〇七年七月に刊行された
『かわいがり子育て』を改題し、
再編集して文庫化したものです。

佐々木正美（ささき・まさみ）
1935（昭和10）年生まれ。新潟大学医学部卒業後、70年、ブリティッシュ・コロンビア大学医学部児童精神科に留学。帰国後、国立秩父学園・東京大学精神科・東京女子医科大学小児科勤務を経て、77年、小児療育相談センター（横浜市）所長に就任。97年、川崎医療福祉大学（倉敷市）教授に就任し、以後2014年から17年まで、特任教授・客員教授となる。ノースカロライナ大学精神科でTEACCH（自閉症の療育支援プログラム）を学んだことをきっかけにその共同研究に携わり、日本での普及に努める。子育て・養育の講演やセミナー、保育園・幼稚園の勉強会などを全国各地で定期的・継続的に重ねる。17年6月逝去。
主な著書に、『子どもへのまなざし（三部作）』『はじまりは愛着から』（共に福音館書店）、『子どもの心の育てかた』（河出書房新社）、『「育てにくい子」と感じたときに読む本』（主婦の友社）、『出会いでつむぐ私の仕事』『出会いでつむぐ私の半生』（共にぶどうの木）、『子育てでいちばん大切なこと』『佐々木正美の子育て百科』（共に大和書房）他多数。

だいわ文庫

たっぷり甘《あま》えてのびのび育《そだ》つ!
3歳《さい》までのかわいがり子《こ》育《そだ》て

著者 佐《さ》々《さ》木《き》正美《まさみ》

二〇一八年七月一五日第一刷発行

発行者 佐藤 靖
発行所 大和《だいわ》書房
東京都文京区関口一－三三－四 〒一一二－〇〇一四
電話 〇三－三二〇三－四五一一

フォーマットデザイン 鈴木成一デザイン室
本文デザイン 石田百合絵（ME&MIRACO）
イラスト たはらともみ
編集協力 メルプランニング
本文印刷 歩プロセス　カバー印刷 山一印刷
製本 ナショナル製本

ISBN978-4-479-30713-6
乱丁本・落丁本はお取り替えいたします。
http://www.daiwashobo.co.jp